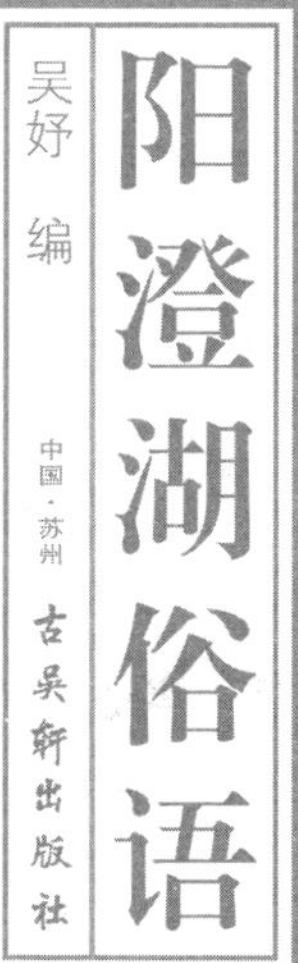
阳澄湖俗语
吴妤 编
中国·苏州
古吴轩出版社

前言

十九大报告提出：『文化自信是一个国家、一个民族发展中更基本、更深沉、更持久的力量。』这里，曾经是苏州城的『苏北』；如今，『相土千年后，一跃化新城』！在当今社会呼吁文化自信的时代要求中，在相城急速发展的城市化进程中，留住阳澄湖地域文化的根脉和精魂显得十分迫切。经过研究，我们选择了『阳澄湖俗语』的叙述路径，切口虽小，却饶有趣味。

阳澄湖是相城的母亲湖。阳澄湖俗语的文化背景是吴文化，土壤是吴地方言。这本小书中的俗语大多历史久远，活在人们的口耳相传中，随着时代的变化，不少已经有音无字。有趣的是，同在相城区，同一样事物，此地和彼处的发音也略有不同。这种融会贯通，让阳澄湖俗语无比生动、无比丰富。阳澄湖俗语是当地百姓的智慧结晶，亟需我们挖掘、整理、传承和弘扬。

很多俗语具有浓郁的口语色彩，简练而形象，生动而活泼，反映民间的生存法则和价值判断，蕴含丰富的意味和积极向上的意义，极具教化意义，是社会主义核心价值观的本土表达，言语不长，却能入脑入心。

还有很多俗语历久弥新，在现代市民社会具有重新解读的衍生意味。比如『牛吃稻草鸭吃谷，各有各的福』劝人知足常乐，『响水不开，开水不响』教人谦虚，『天上星，数不清，地上一人一颗星』体现对生命的尊重，等等，在价值判断多元、生活急速变化的现代社会，引人深思，让人警醒。

有些俗语还很有趣味，比如『丈母娘看女婿，越看越欢喜』『老虫拖秤砣，大头在后头』『落雪落雨狗欢喜，麻雀肚里一包气』，等等，钩沉和还原了民间生活图景，极具市井气和生活气息，使人在会心一笑中感受生活的情义和美好。

今天，相城正与时俱进建设『五大功能片区』，开拓创新聚力『三年行动计划』，全力开启相城后发崛起新局面。我们试图用这本《阳澄湖俗语》向这片土地厚重的地域文化致敬，为相城区的文化建设做一点聚沙成塔的努力。相信，这样的努力一定会转化为一种力量，一种根的力量，一种乡愁的力量！这种力量一定会使我们的身心得到休憩，助力当下丰富而生动的社会实践，指引我们前行的方向！

最后，感谢马汉民老师对本书稿的贡献，感谢编写组全体老师的努力。由于时间比较仓促，难免有所疏漏，恳请大家多提宝贵意见。亦希望在未来的日子里，大家一起努力，凝聚生产、生活实践中的智慧，使这本小书更加完善。

《阳澄湖俗语》编写组

二〇一八年元月

千里送鹅毛，礼轻情意重

目录

前言 ○○一
一画 ○○七
二画 ○一四
三画 ○二三
四画 ○三六
五画 ○四五
六画 ○六○
七画 ○七二
八画 ○八三
九画 ○九五
十画 一○三
十一画 一一一
十二画 一一七
十三画 一二三

十五画　二二五
十六画　二二九
十七画　二三一
十八画　二三二
十九画　二三四
二十画　二三五
二十二画　二三六
二十五画　二三七
附录　常用歇后语　二三九

一画

一人一盆水，淹死侵略鬼
一人只有一条计
一人犯法一人当
一人头上一方天
一人有福带上一屋，一人有祸带上一窠
一人传十，十人传百
一人作恶，万人遭殃
一人拾柴火不旺，众人拾柴火焰高
一人做事一人当
一人得道，鸡犬升天
一寸光阴一寸金，寸金难买寸光阴
一丈水退脱八尺
一口吃不了热豆腐
一口吃不出个胖子
一山不容二虎

一个批头

一个和尚一个磬，一个将军一个令

一个和尚挑水吃，两个和尚扛水吃，三个和尚吪水吃

一个胡桃顶个栗子

一个皇帝一个立法

一个铜钿看得比磨盘大

一个跟头能迁十万八千里

一个篱笆三个桩，一个好汉三个帮

一门心思

一天世界（形容一塌糊涂）

一木吃一木，一蟹吃一蟹

一不做，二不休

一日千里

一日之际在于晨，一年之计在于春

一日夫妻百日恩

一日北风三日晴

一日笑三笑，人生不易老

一手托两家

一手交钱，一手交货

一手难敌双拳，一人难敌四手

一手难搀两个人，一双手搀两个人

一手难遮两耳风，一脚难踏两条船

一手遮天

一分价钿一分货，十分价钿买不错

一方土地养一方人

一斗剩下七升

一心一意

一心不二用

一心为公，两袖清风

一本正经

一目了然

一叶障目，不见泰山

一只鸡蛋吃不饱，一件坏事背到老

一只洋（一元钱）

一只袜统管

一只葫芦划两只瓢

一只鼎

一只裤脚管

一只碗不响，两只碗叮当

一只模子浇出来呒两样

一只馒头搭块糕

一只镬子烧不出两样饭

一生一世，千秋友谊

一失足成千古恨

一头撞死在南墙上

一动不如一静

一场春雨一阵暖，一场秋雨一阵寒

一帆风顺

一回生，二回熟

一似一忒式

一问三不知

一江春水向东流

一声春雷天下响

一把钥匙升一把锁

一来兴

一步登天

一时失意，不能失志

一时头里

一时猫脸，一时狗脸

一言九鼎

一言既出，驷马难追
一床不睡两心人（指夫妻关系）
一张嘴两爿皮，翻来翻去弄事体
一沓刮子（形容东西一共就这么多）
一败涂地
一刮两响
一和细丝
一径（一直）
一夜不困，十夜不醒
一夜想了千条计，到了呒主意
一刻不等两时辰
一波未平，一波又起
一带不带
一点一划，办事牢靠
一便两当

一昼时
一样事，百样做
一根肚肠通到底
一根线上的两只蚂蚱
一顿省一口，一年省十斗
一钿不落虚空地
一钿逼煞英雄汉
一笑遮百丑
一拳打在棉花上，连回声也呒拨
一拳来一脚去
一烙铁烫平
一家一主，一庙一神
一家人不说两家话
一家人不晓得一家事
一家火烧，乡邻倒灶

一家头

一排连牵

一埭路

一脚落手（一气呵成）

一粒老虫屎坏脱一缸酱

一粒米笃粥，米气全呒

一粒螺蛳一粒壳

一喜去百忧

一朝天子一朝臣

一朝被蛇咬十年怕见烂草绳

一筅帚拍煞十八只蟑螂

一塌糊涂

一椿好事做到头

一碗水端平

一歇歇

一锤定音

一窠鸡

一锹挖不出一口井，一口吃不下一只饼

一滴水滴在油瓶里

一醉方休

一靠背

一篙子撑到底

一手交钱，一手交货

二画

二一添作五

二八月，乱穿衣

二下巴

二月里的夜雨，网船上的饭米

二爷（男仆）

二婚头

十八只枕头垫高仔困觉（睡觉）

十三点

十万火急

十个姑娘九个俏

十个指头伸出来有长短

十五样小菜，七荤八素

十分才智，二十分胆识

十月日头短，梳头半个工

十月吪霜，臼里吪糠

十只指头，只只咬了痛

十句九厾落，一句阿不着落

十年磨一剑

十全十美

十里洋场

十房新妇十样讨，十个囡囝十样嫁

十指连心

十样景

十拿九稳

十赌九输，一夜输掉当铺

七夕天上鹊桥会

七月回江水，三水按时发

七石缸，门里大

七老八十学打拳

七坐八爬，九个月长牙

七牵（又作七不老欠，形容不伦不类）

七穿八洞

七梗八十调

七翘八裂

七零八落

七缠八桠杈（比喻缠绕得很厉害）

七颠八倒，廿五送灶

七嘴八舌

七嘴八搭（说话语无伦次）

人人才有两只手，不在屋里吃闲饭

人人为我，我为人人

人人积德，子孙发达

人之初，性本善

人不为己，天诛地灭

人不可貌相，海水不可斗量

人不犯我，我不犯人
人比人，气煞人
人少好过年，人多好种田
人见人爱
人为财死，鸟为食亡
人心不足蛇吞象
人心不知足，住了楼房还想楼上再砌屋
人心齐，泰山移
人心都是肉做的
人心换人心，八两换半斤
人心莫测
人心隔肚皮
人生一世，总要做点事体（干点利国利民的事业）
人生三十一枝花
人生何处不相逢

人外有人，天外有天
人民当家做主，江山万年青
人民国家人民爱
人老话多，树老根多
人老珠黄不值钱
人过八十八，不知瘸和瞎
人过半百知天命
人在难中拉一把，胜吃三年准提斋
人有心病，猫叫也惊
人有志，竹有节
人有美丑，理有高低
人有逆天之时，天[illegible]绝人之路
人死债不赖
人吓人，吓煞人
人多智多，牌楼抬过河

人多赛诸葛
人进赌场，不认爷娘
人走茶凉
人来疯
人吃气势精神减
人吃过头之力
人吃远虑，必有近忧
人吃志气不成人
人吃利己，谁肯早起
人言可畏
人穷志不穷
人抬人高，水涨船高
人直朋友多，树直用处多
人到暮年常忆旧
人非草木，岂能吃情

人往下处看，鸟往高枝栖
人往高处走，水往低处流
人命关天
人怕引诱，堤怕水漏
人怕老来病，稻怕秋里寒
人要衣装，佛要金装
人要脸，树要皮
人是铁，饭是钢
人品有真伪
人前说人话，背后说鬼话
人逢运来精神爽，月到秋来明又亮
人逢喜事精神爽
人在屋里热得跳，稻在田里乐得笑
人在屋檐下，只好把头低
人情出于往来

人搀仔不走，鬼搀仔就走

人善好欺，马善好骑

人横蛮理不通，马横自有缰绳

人靠饭饱，地靠肥沃

入土为安

入乡随俗

入不敷出

八十岁学吹手

八月水头清，饿煞捉鱼人

八月半

八仙过海，各显神通

八字还呒拨一撇

八面玲珑

八拜之交

九九归一

九九重阳登高

九九艳阳天

九天仙女

九月种蚕豆，一升收三斗

九腔十八调

九雌十雄（指大闸蟹的成熟）

儿子不养，耽搁老娘（指旧时接生的催生婆）

儿子不养爷，孙子啃（音牙）阿爹

儿子多仔饿煞娘

儿女情长，英雄气短

儿不嫌母丑

儿行千里娘担忧

儿孙自有儿孙福，莫为儿孙当牛马

儿孙满堂

几化（多少）

乃么（于是，又作那么）

刀下留情

刀山要上，火海要闯

刀子嘴，豆腐心

刀不快，石上磨

刀不磨生锈，人不学要朽

刀切大葱两头空

刀切豆腐两面光

刀头上舔血

刀伤好医，情伤难治

刀快不斩呒罪之人

刀钝怪肉老（比喻瞎埋怨）

又要马儿跑得好，又要马儿不吃草

若要好，老做小

三画

三十六日不出小鸡，坏蛋

三十六计，走为上策

三十年河东，三十年河西

三人行，必有我师

三刀不碰肉，四刀不出血(厚脸皮)

三下五除二

三寸不烂之舌

三个铜钿买只粽子糖嗒嗒

三个笨皮匠，胜过一个诸葛亮

三天打鱼，两天晒网

三日两头(常常)

三升胡桃四升壳

三分天分七分学

三分吃药，七分调理

三分养来七分管

三月三，家雀野雀才生蛋

三月春雨贵如油

三六九，现到手

三世修不到一个城角落

三只手

三句不离本行

三对头，六对面

三百六十行，行行出状元

三百天浪荡，六十日赶忙

三年不选种，粳稻糯稻一笼统

三年清知府，十万雪花银

三关六城门，兜兜长精神

三把火

三角六凑

三斧头

三思而后行

三缸清水六缸浑（把一个地方弄乱了）

三拳打不出个闷屁

三脚猫

三婶婶嫁人，两头掉不落

三朝迷露刮西风

三耥九耘田，砻糠变白米

干净冬至邋遢年，邋遢冬至干净年

干屎抹不到人身上

土灰蛇（又作『地匾虺』，蝮蛇，为苏州地区毒蛇）

才（都）勒海

下巴托托牢说闲话

寸土寸金

寸土不让

寸麦不怕尺水，尺麦倒怕寸水

寸金难买寸光阴

丈二和尚摸不着头脑

丈人看女婿，越看越生气

丈母娘看女婿，越看越喜欢

丈母娘看见女婿到，忙得不离灶

大人不记小人过

大丈夫不以酒肉相投

大丈夫肝胆照人

大丈夫能屈能伸

大大咧咧

大千世界，旡奇不有

大水冲了龙王庙，自家人不认得自家人

大手大脚

大不当心，小不管

大不算，小牵钻

大吉大利

大老爷升堂，吆五喝六

大年夜

大好佬

大约摸张

大麦不吃小满雨，小麦不吃芒种水

大麦过小满，不砟自会断

大肚包容

大事化小，小事化了

大鱼吃小鱼，小鱼吃虾米

大鱼吃不起，小鱼嫌腥气

大细娘上轿，头一回

大树底下好乘凉

大是大非

大前年子

大炮打蚊子，大材小用

大海捞针

大难不死，必有后福

大眼看小眼，伙计看老板

大清老早（早上很早的时候）

大密节头（大拇指）

大暑不浇苗，到老呒好稻

大寒一过就忙年

大摇大摆

大雾不过三，过三阴雨天

大路不走走小路

大路不走草成窠

大路朝天，各走一边

大懒差小懒，小懒差门槛

与人方便，与己方便

与人为善，延年益寿

万年等不到虎瞌睆

万众一条心，能把泰山移

万众一条心，黄土变成金

万事开头难

万事如意

万宝全书，独缺一只角

上刀山，下油锅

上山容易下山难

上门不见土地

上天呒梯

上天呒路，入地呒门

上天揽月，下海捉鳖

上手大

上心事

上场货，落场清

上有天堂，下有苏杭

上吊拉脚

上阵还靠父子兵

上歪一寸，下歪一尺

上面一句话，小鬼跑断脚

上看初二三，下看十五六

上晓天文，下知地理

上海赚钱上海消，离开上海套蒲包

上得高山，下得大海

上梁不正下梁歪，下梁不正倒下来

上粪不浇水，庄稼撅起嘴

上楼掇梯

小九九算盘，打得滴溜溜

小儿科（小事）

小小石头砸烂缸，毛毛细雨湿衣裳

小小舟船浪里漂

小小秤砣压千斤

小小碗吃饭，靠添

小小鳑鲏鱼，掀不起大浪头

小开（老板之子）

小不忍，则乱大谋

小毛头

小气胚（吝啬鬼）

小乐惠

小吃大回钞（反常行为）

小辰光糕勒馒头，长大仔刀勒拳头

小弟弟吃西瓜，哭不出

小姊妹

小鸡大仔娘（零头比整数大的反常现象）

小鸡托拨勒黄鼠狼

小和尚念经有口呒心

小鬼跌金刚（本事大的人输给没本事的人）

小洞不补，大洞吃苦

小家子气

小娘儿

小娘姆（小女孩，年轻姑娘）

小菜在东家厨里，生活在长工手里

小铜钿不肯花，大铜钿不会来

小脚女人走路，东摇西摆

小葱烧豆腐，一青二白

小暑不见热头（太阳），大暑晒开石头

小暑不算热，大暑三伏天

小暑里的黄鳝赛人参

小寒再大寒，转眼又一年

口吐莲花，只当多吃藕

山山水水总有情

山不转水转，路不转人转

山中水流长，老大财运旺

山中呒老虎，猴子称大王

山外有山，天外有天

山外有山，楼外有楼

山前阳，山后阴

山高皇帝远

山高总有一个顶

千人嫌，万人恨

千刀万剐不解恨（对入侵者所持态度）

千山万水，吃穿不穷

千年不死老乌龟

千朵桃花一树生

千多万谢

千军易得，一将难求

千里送鹅毛，礼轻情义重

千金难买心中愿，万金难求一腔情

千卷书，万里路

千挑万拣，拣个猪头瞎眼（指择婿）

千穿万穿，马屁不穿

千做万做，蚀本生意不做

千错万错俚不错

千锤打锣，一锤定音

千篇一律

久雨闻鸟鸣，不久即转晴

久病方见孝子心

久病成良医

及立搁落（人不停地发出各种声音）

门口头

门门不落空

门当户对

门前大树好遮阳

门前栽柳，屋后栽桑

门缝里吹喇叭，名声在外

门缝里看人，把人看扁了

门槛上搁鸡蛋，滚进滚出

门槛里老大

门槛精虽精，裤子剩下三条筋

义无反顾

卫生口罩，嘴上一套

子女有出息，家当要了啥；子女呒出息，家当有了也是无

女人和善，男人不遭凶事

女大不中留

女小娘

女子有德家门兴

飞蛾扑火，自投罗网

习习嫩（极嫩）

习惯成自然

叉袋

叉嘴（插嘴）

马马虎虎

马失前蹄

马兰头开花，老来俏

马件件

马后炮

马屁拍勒马脚上

马屁精

马到成功

马路天使

马瘦吭毛

乡下头

看人挑担不吃力

四画

王小二过年，一年不如一年

王子犯法，与民同罪

王伯伯

王婆卖瓜，自卖自夸

井里投石

井底的青蛙

井越深，水越清

开山斧

开门大吉

开门见山

开弓没有回头箭

开水不响，响水不开

开火仓

开出门来七件事，柴米油盐酱醋茶

开年

开花结果

开销

开路先锋

天人合一

天下买不到后悔药

天下没有不散的筵席

天上一颗星，地上一个人

天上三光日月星，地上山河分外鲜

天上不会落下白米来

天上老鹰大，地上娘舅大

天上呒云不下雨，地上呒理不成书

天上呒星，月不明

天上星，数不清，地上一人一颗星

天马行空

天井里看天箬帽大

天开眼

天不欺人，人不欺天

天不生呒用之人，地不长呒用之草

天不怕，地不怕，就怕喉咙头筑坝

天不怕，地不怕，就怕催子（收地租的差人）到家

天不总阴雨，天总会放晴

天从人愿

天公难做四月天，秧田要雨蚕要晴

天打

天生我材必有用

天地良心

天有不测风云，人有旦夕祸福

天各一方

天坍下来有长子顶

天时地利人和

天呒千日好，花呒百日红

天呒绝人之路

天作有雨，人作有祸

天罗地网

天经地义

天要落雨，娘要嫁人

天高地厚

夫妻一条心，黄土变成金

夫妻本是同林鸟，风雨来仔各自飞

夫妻呒拨隔夜仇

夫荣妻贵

夫唱妇随

无中生有

无介事

无风不起浪

无心插柳柳成荫

无巧不成书

无功不受禄

无头案

无事不登三宝殿

无事生非

无法无天

无官一身轻

无屎占坑缸

无理取闹

无铜钿用仔（了），要生大头疮

无笼头马

无谎不成媒

无零不成账（账目总有零头）

无影造《西厢》

扎台型

扎敦

廿一(二十一)

木尺虽短，能量千丈

木头人(思维迟钝的人)

木头跟排走

木角角

木排上带信(不知何时能到达)

木渎巡检司，吃粮不管事

木樨蒸

五大三粗

五子登科

五马贩六羊

五斗橱

五更鸡叫东天白

五味调和百味香

五湖四海

五路财神

五福临门

不入调

不三不四

不寸不光

不见棺材不落泪

不认得(不认识)

不打不相识

不吃三年老卜干饭，哪有日后做老板

不吃黄连不知苦

不吃馒头蒸(争)口气

不会计算一世穷

不负众望

不防一万，但防万一

不壳张

不求有功，但求呒过

不来三

不连牵

不听老人言，吃亏在眼前

不作兴

不识相

不识相吃辣火酱

不到长城非好汉

不到黄河心不死

不知者呒罪

不知者不为过

不知鼎董（谓人蠢）

不贪一粒粽子糖，哪会去上骗子当

不贪花酒不贪财，一世呒灾害

不怕人老，就怕心老

不怕与狼一室住，只怕舌头根子塞煞人

不怕不识货，就怕货比货

不怕虎生两张嘴，只怕有人两条心

不怕学不成，就怕心不诚

不怕眼下不剩，就怕灰心丧气

不怕路陌生，只怕你不问

不学灯笼千只眼，要学蜡烛独根心

不经一冬寒傲骨，哪有春来百花香

不挑重担不知吃力，不走长路不知天下路长

不要气，只要记

不要紧

不要喝两头茶

不是一家人，不进一家门

不是活猕不上花果山

不是莳秧人，哪识水中天

不看不知道，一看吓一跳

不看僧面看佛面

不晓得(不知道)

不晓得天高地厚

不做亏心事，半夜敲门不吃惊

不着唠叨

不搭界

不喝酒脸不红，不做亏心事心不虚

不登高山，不识平地

不摸锅底，手不会黑

不管三七廿一

太公八十遇文王

太平盛世好年华

太阳打西边出哉

太阳头里

太湖里不死，死在阴沟里

车到山前必有路，船到桥头自然直

牙齿捉捉齐

牙齿像煞阶沿石

牙痛不是病，痛煞呒人问

瓦爿

瓦爿匣有翻身日

瓦老爷

少不经事

少吃多滋味，多吃少滋味

少吃多滋味，多吃坏肚皮

少年老成

少年强，国家强

少壮不努力，老大徒悲伤

少时不勤俭，老来困街沿

日久见人心

日日吊膀子，夜夜一杆子

日日防火，夜夜防贼

日头打从家家门前过

日出东南虹，呒雨必有风

日出而作，日落而归

日出雨落

日有所思，夜有所梦

日行千里，夜行八百

日里不做亏心事，半夜不怕鬼敲门

日里吃太阳，夜里吃月亮

日里神气活现，夜里钻在破棉胎里

日脚

日落乌云涨，半夜听雨响

日朝

中浪

水土不服

水上看花

水不激，鱼不跃；人不急，脚不跳

水火呒情

水凼

水向东流，一去不回头

水行千里归大海

水里万石（音担）金，左捞右捞捞不光

水里捞月

水是宝，一日不能少

水是宝，家家少不了

水缸里着火（不可能的事）

水退石头在，好人说不坏

水能载舟，亦能覆舟

水落石头出，日久见人心

水滴石穿

水稻不除虫，秋收一场空

水磨功夫

见人有难扶一把，哪管别人说闲话

见人吃饭喉咙痒，见人挑担不吃力

见风扯篷，看人兑汤

见风使舵

见世面

见目量

见机行事

见到菩萨笃笃拜

见啥人，说啥话

见缝插针

手无寸铁

手长衣袖短

手心手背都是肉

手节头伸出来有长短

手扪胸膛自问心

手里呒钱活死人

手脚不直落

手臂朝里弯

牛下河，拖尾巴

牛不知力大，人不知己过

牛头不对马嘴

牛皮乌筋

牛皮吹得绷绷响

牛有千斤力，不能一时逼

牛吃稻草鸭吃谷，各人头上一方福

牛吃蟹

牛牵马绷

牛眼看人高，恶狗将人咬

牛鼻穿上鼻头绳

毛手毛脚

毛毛叫

毛毛雨落湿衣裳

毛头小伙子

毛里有病勒海

毛病（习气）

毛脚布袋（布袋即补代，女婿的俗称）

气多伤神，食多伤身

长么截，短么接

长生果肉香，呒拨铜钿僵

长江后浪推前浪

长寿万事足

长豇豆

长得俏才是俏，打扮俏惹人笑

长落面孔

长凳

反抄耳光

反装门印子

今日有酒今日醉，到勒明朝要懊悔

今日事情今日毕

今年巴得开年好，年年有件破棉袄

今朝

今朝不知明朝事

分久必合，合久必分

公买公卖，老少呒欺

公私分明
公鸡飞不过墙，砻糠砌不成墙
公鸡不啼，天照样亮
公事公办
公要馄饨婆要面
公说公有理，婆说婆有理
公理自在人心
月亮带枷天要变
欠债还钱，杀人偿命
风马牛不相及
风云气色
风起千层浪，鱼过千层网
风调雨顺
乌不三，白不四，不三不四
乌苏（烦闷之意，亦作惑色）

乌油滴水
乌鸦抢占喜鹊窠
乌神画鬼（胡乱涂抹，模糊难辨）
六十不过夜，七十不借债
六十年风水轮流转
六门三开
六月日头辣豁豁
六月不热，五谷不结
六月六，狗淴浴
六月出门带寒衣
六月初三起个阵，上昼耘稻下昼困
六月债，还得快
六指头算账帮倒忙
六缸水混
六神无主

六席惹

方棱出角

火夹（火钳）

火到猪头烂（关键条件下事情成功）

火到猪头烂，功到自然成

火烧火燎

火烧眉毛，且顾眼前

火烛小心

认理不认人

心比心，心里平

心术不正

心平气和

心在苦中不说苦是福，身在福中不知福是苦

心血来潮

心好寿长

心坏呒药医

心里厢

心里想着老百姓，一生做官蛮太平

心往一处想

心诚则灵

心急吃不得烫山芋

心病要用心药医

心病难医

心宽一大片

心宽体胖

心慌吃不得热粥，骑马看不得《三国》

心慌意乱呒主见

心静自然凉

尺有所短，寸有所长

引火烧身

引鬼上门

引蛇出洞

丑八怪

丑戏锣鼓多

丑新妇终见公婆面

巴细

巴望

双喜临门

书三分，戏吭影

书独头（书呆子）

东边日头西边雨

五画

打了灯笼吼觅处

打人不打致命伤

打人只因先下手

打开天窗说亮话

打不还手，骂不还口

打水漂

打仗全靠子弟兵

打头阵

打灯谜

打折扣

打听枫桥价

打虎全靠亲兄弟

打肿脸充胖子

打狗还看主人面

打哑谜

打哈哈

打统仗

打破砂（沙）锅纹（问）到底

打家劫舍

打在倷身上，疼在吾心上

打蛇打在七寸里

打断骨头连着筋

打葛伦

打落水狗

打棚

打遍天下呒敌手

打碎水缸泅过去

打算（计划）

打瞌睆

巧新妇难煮呒米饭

正月金，二月银，春耕要抓紧

正经（正事）

扒（扒儿手）

功夫不负有心人

功不成，名不就

甘拜下风

甘蔗老来甜，越老越鲜甜

世界天上

节作

本事（拿手本领）

左（音祭）手不相信右手

石子里逼不出油

石头往山上背

石灰店里买眼药，走错人家

龙飞凤舞

龙凤呈祥
龙生龙，凤生凤，老鼠生来打地洞
龙灯花轿
龙戏水
龙困沙滩遭虾戏，虎落平阳被犬欺
龙抬头
龙卷风，吓煞人
龙眼识珠，凤眼识宝，牛眼专识草
平时不烧香，急来抱佛脚
平常日脚不烧香，临死辰光抱佛脚
平常心
轧（拥挤）
轧一脚
轧米（碾米）
轧苗头

轧在前八尺
东边日头西边雨
东村不借宿，西村还有几百家
东说洋山西说海
东郭先生救恶狼，当害自身
北年渔民发
归个（哪个）
归枪势里（那一阵子）
目空一切
叶落归根
田鸡（青蛙）
田鸡一跳三尺高，癞团（蛤蟆）后面吃个饱
田鸡夜夜叫，雨水少不了
只为贪财命不长
只有大意吃亏，没有小心上当

只有上不去的青天，没有翻不过的高山

只有千日做贼，呒拨千日防贼

只有想不到，没有做不到

只有稻柴捆硬柴，呒拨硬柴捆稻柴

只听楼梯响，不见人下来

只听雷声响，不见雨下来

只要人手多，牌楼搬过河

只要功夫深，铁棒磨成针

只重衣衫不重人

叽里喳啦

叽哩咕噜（话语甚多，但不知所云）

叼嘴显说闲话（越是不行的人越是爱显摆）

叼嘴笃舌头（口齿不清）

叫花子吃三鲜，要样呒样

叫花子匣有三个相好的

另起炉灶

四大皆空

四分五裂

四月十四轧神仙

四月路，呒闲人

四方笃角

四世同堂

四平八稳

四处八路

四两拨千斤

四时八节

四季平安

四面八方

四面春风扑面来

四面楚歌

四海

四海一家

四海之内皆兄弟

四通八达

四脚白，家家熟

四脚朝天

生天

生不带来，死不带去

生生青

生有一双脚，跑遍天下路

生死有命，富贵在天

生米煮成熟饭

生吞活剥

生青碧绿

生相犯就（比喻胎生的本性）

生姜不怕老的辣

生病人搭鬼商量

生病落痛

失势凤凰不如鸡

失魂落魄

白天好过，五更难熬

白布落在染坊里

白吃白喝

白米饭好吃田难种，鲜鱼汤好喝网难张

白来钱，两三天；血汗钱，万万年

白纸头包杨梅，显颜色

白相（游玩）

白脚花狸猫，吃仔往外跑

白添白添

白鼻头

白露白迷迷，秋分稻秀齐

白露里的雨，到一方，坏一方

白露看花，秋分看谷

仔（语助词，相当于了）

瓜田李下

瓜田里拣瓜，拣得眼花

瓜吃滚圆，人吃十全

瓜葛死吃河豚

甩（音挥，抛弃）

乐而忘返

乐极生悲

乐善好施

外头青松松，里厢一包葱

外行看热闹，内行看门道

外来个和尚好念经

外甥不出舅家门

冬天麦，胜过春天浇一浇

冬牛不疲，春耕不愁

冬瓜缠在茄门里

冬出根，春长身

冬至大似年

冬至不结冰，冬后熬冻人

冬雪是麦被，春雪是麦害

饥不择食

立冬过后搭羊圈

立秋种葱，白露种蒜

立着放债，跪着讨债

半二不三

半斤八两

半爿人（寡妇）

半爿江山
半生不熟
半生不熟夹生饭
半老徐娘
半吊子
半阴半阳
半路出嫁
半腰里杀出个程咬金
头伏芝麻二伏豆，三伏天里种绿豆
头顶生疮，脚底流脓
头颈绝细，独想触祭（吃）
头痛医头，脚痛医脚
宁可相信有，不可相信呒
宁可站着死，决不跪着生
宁可做过，不可错过
宁可喝薄粥，不借印子钱（高利贷）
宁失一事，不失一时
宁吃开眉粥，不吃皱眉饭
宁肯跟讨饭个娘，不肯跟做官个爷
讨人厌
讨手脚
讨仔三年饭，做官呒心相
讨厌（令人厌恶）
讨饭怕狗咬，秀才怕岁考
讨虚头
写意（舒适，愉快）
让人一寸，得情一尺
让人三分不吃亏
让人不蚀本
让三分心平气和，退一步天高地阔

出人头地

出头椽子先烂

出批头

出花样

出空身体

出客

出屋儿

出息

奴老

皮夹子（钱包）

发极（焦急的形态）

发松（幽默）

发昏当不了死

发急崩

发寒热（发烧）

对天可表

对不住

对事不对人

对症下药

对得起天地

台子底下打拳，出手不高

墙内开花墙外香

六画

动气

吉时良辰

托人托个黄伯伯

托人托仔皇伯伯

老百脚

老卜（萝卜）

老卜不当小菜

老卜青菜，各有所爱

老卜卖仔肉价钿

老三老四

老大多仔打翻船

老子天下第一

老马识途，老人通世故

老天不开眼

老少皆宜

老气横秋
老龙匣会伸懒腰
老甲鱼
老皮脓滚疮（同『老油条』）
老母鸡孵蛋，谨慎入微
老老头
老百晓
老虫（老鼠）
老虫钻在风箱里，两头受气
老吃老做
老爷上身
老爷货
老来俏，真叫俏
老来福
老伯伯

老虎不吃人，形状吓煞人
老虎头上拍苍蝇
老虎肉（泛指食品价格昂贵）
老虎屁股摸不得
老虎钳
老虎嘴上夺食
老店新开，重挂招牌
老底子
老法头
老油条怕热豆浆
老实人不吃亏
老实巴交
老相好
老鸦嘴
老虽老，老得俊俏

老鬼（音居）不脱手，脱手不老鬼（音居）

老姜

老套子

老爱小，小敬老

老痂痂

老调（不断地讲述一件事）

老眼昏花

老脸皮厚

老猪婆（老母猪）

老窑子

老鼠过街，人人喊打

老鼠拖秤砣，大头在后边

老鼠跳在米囤里

扫地出门

扫帚星

扫帚颠倒竖（在外面办事却由家里人做主）

场化（地方）

耳不听，心不烦

耳朵听八方，好事坏事全参详

耳朵眼磨出茧子来

耳听千遍，不如手过一遍

耳听为虚，眼见为实

芒种芒种，样样要种

芝麻开花节节高

芝麻绿豆官（官位小）

机遇肚里子多，种田人肚里山歌多

过五关，斩六将

过仔黄梅卖蓑衣

过来人

过河拆桥

西风响，蟹脚痒，蟹立冬，影呒踪

在家千日好，出门一日难

有一千用八百，还有两百不过宿

有山必有路，有水必有渡

有长有短

有仇不报非君子，有恩不报枉为人

有心栽花花不开，无心插柳柳成荫

有功夫让人三招，第四招出手不饶

有皮不愁肉

有衣有寒，呒衣呒寒

有收呒收在于放，多收少收在于管

有志者，事竟成

有来有往

有利有弊

有青头

有话说在明处，有药敷在痛处

有钱不是万能

有钱有势

有钱没钱，剃头过年

有钱要想呒钱日，莫到呒钱想有钱

有钱便是娘

有钱能使鬼推磨

有钱难买老来瘦

有钱得生，呒钱得死

有借有还，再借不难

有理大过太公

有理不在声高

有理不怕打压

有理争到底，呒理当放弃

有理走遍天下，呒理寸步难行

有理吭理，出在众人嘴里

有理摆到台面上，好钢用在刀刃上

有眼吭珠

有眼不识泰山

有情人终成眷属

有缘千里来相会，无缘对面不相认

有福不会享，坐仔等天亮

有福同享，有难同当

百节百骨

百年好合

百依百顺

百闻不如一见

百脚港

百搭

百葛烂皱

夸下海口

死人不关

死人多口气（不愿说话或冷漠的人）

死马当作活马医

死不死，活不活

死货

死店活人开（要善于经营）

死要面子活受罪

死样怪气

死秤活人当（规矩是死的，但要根据实际情况灵活运用）

死勒杀猪屠，不吃带毛猪

死得穷不得（人穷比死困难）

死猪不怕开水烫

死腔

死蟹一只
成功是失败之母
成则为王，败则为寇
成事在人，下雨在天
夹忙头里吃螺蛳
夹忙头里髈牵筋
夹忙炒螺蛳（忙碌中遇到意外的事）
夹篙撑
毕毕静（非常安静）
此处不留人，自有留人处
此地无银三百两
师傅领进门，修行在个人
尖钻（划算）
光阴一去不回头
光阴似箭，日月如梭

光阴似箭催人进
光棍独怕老来苦
光榔头
当人说人话，当鬼说鬼话
当中横里
当仁不让
当方土地当方灵
当仔和尚骂贼秃
当局者迷，旁观者清
当官一任，两袖清风
当面一套，背后一套
当面开交
当面是人，背后是鬼
当面笑嘻嘻，背后踏一脚
当面能为民做主，百姓敬重父母官

当面锣，对面鼓

当啥差，吃啥饭

当着不着

当断不断，反受其乱

早知今日，何必当初

早秋迷雾不成霜

早养儿子早得力

早起三朝顶一工

吓人到怪（形容人或者做的事吓人）

同舟共济，万难化夷

同是天涯沦落人，相逢何必曾相识

吊心经

吊桶落在俚井中

吃一转亏，学一转乖

吃一夜不如困一夜

吃人不吐骨头

吃人家个嘴软，拿人家个手短

吃力不讨好

吃下筵

吃么吃个油，穿么穿个绸，做么像个老黄牛

吃不穷穿不穷，不会计算一世穷

吃四方

吃生活（挨打）

吃白食

吃仔人家酒，牵牢鼻头走

吃仔三天饱饭，急说三年讨饭

吃仔灯草灰，说闲话忒轻飘

吃仔灯草灰放屁，轻飘飘

吃仔别人软口汤

吃仔端午粽，再把棉袄送

吃他螺蛳肉，还他螺蛳壳

吃老卜干饭

吃老酒

吃在碗里，看在锅里

吃死蟹

吃夹当（两头受气不讨好）

吃肉饭

吃尽滋味盐好，走尽天边娘好

吃豆腐（调戏妇女）

吃来吃去还是蜻蜓吃尾巴

吃里扒外

吃饭不忘种田人

吃饭不知饥饱，困觉不知颠倒

吃饭防噎，走路防跌

吃局

吃转苦头学转乖

吃饱三尾子

吃饱差不动，坐定打瞌䀲

吃虱子怕脚响

吃茶

吃钝头

吃香烟

吃食看来方，着衣看门房

吃素碰着月大

吃在嘴里，甜在心里

吃硌头

吃啥饭来当啥心，当一日和尚撞一日钟

吃得苦中苦，方为人上人

吃得温吞耐得热

吃着（恰巧）

吃牌头

吃煞不壮

吃煞鬼

吃粮不管事，枉当公事人

吃颗定心丸

吸铁石

岁数不饶人

肉要热吃，话要明说

肉馒头打狗，有去无回

年夜头

年轻苦，风吹过；老来苦，真正苦

先小人，后君子

先天下之忧而忧，后天下之乐而乐

先不先

先打雷，后起风，有雨也不凶

先进山门为大

先来后到

先理（礼）后兵

舌头底下压煞人

竹子皮性好，大风吹不倒

竹篱笆扎得紧，野狗钻不进

任凭风浪起，稳坐钓鱼船

伤其十指，不如断其一指

伤筋动骨一百天

自己当家做主，找个知心小丈夫

自以为是

自吹自擂

自拉自唱

自鸣得意

自种自卖

自养自痛
自说自话
自屎不觉臭（做了坏事不自知）
自病自得知
自家（自己）
自家人，臂膊朝里弯
自做郎中呒药医
血口喷人
血淋带滴
似乎一经（自命不凡）
后院起火
行得正，坐得正，和尚尼姑合板凳
行得好心有好报
行得春风有夏雨
行情行事

会走走不过影子，会讲讲不过道理
会看戏，看门道，不会看戏看热闹
会捉老鼠猫不叫
杀人偿命
杀杀辣辣
杀鸡子吓活猻
杀鸡用牛刀（大材小用或小题大做）
杀鸡儆猴
杀爬
杀痒
合养一头牛，不如独养一只猪
氽（油炸）
氽脱木排撩门闩，丢仔西瓜捡芝麻
众人一条心，黄土变成金
爷有娘有，不及自有

爷娘家

创业容易守业难

杂格乱伴

刎颈之交

各人各扫门前雪，莫管他家瓦上霜

各归各

各吹各的号，各唱各的调

各奇各色

名不见经传

名师出高徒

名落孙山

多个朋友多条路

多行不义必自毙

多说三话

多栽花，少栽刺

多福多寿

冰冻三尺，非一日之寒

交人交心，浇树浇根

交浅不可言深

闭拢仔眼乌珠讲闲话

问心无愧

问遍千家成行家

羊毛出在羊身上

羊头上挠挠，狗头上抓抓

羊肉不曾吃着，反惹了一身羊膻气

羊妈妈

关门落闩

关云长卖豆腐，人硬货软

关公面前耍大刀

关心经

关夜学（下午放学后）
米儿不煮不成饭，芝麻不榨不出油
灯不拨不亮，理不辩不明
灯草当拐杖，不中用
江山一统，万家幸福
江山易改，本性难移
江水向东流，一去不回头
江南江北一家亲
汏（称洗为汏）
汏衣裳
汤罐
汤罐里熝鸭，独出一张嘴
安如泰山
讲斤头
讲张（谈话）

厾（随意丢弃）
孙行者打天下，毛手毛脚
收作
收骨头
阴山背后
阴子天
阴头里
阴阳怪气
阴损（暗中损人）
好人当兵，好铁打钉
好人自有好人救，恶人自有恶人磨
好人寿长
好人难做
好儿不吃分家饭
好女不穿嫁衣

好马不吃回头草

好马配好鞍

好天出门带雨伞

好天防阴天

好日脚

好日脚当作穷日脚过

好心有好报

好仔疮疤忘了痛

好汉做事好汉当

好记性不及烂笔头

好有好报，恶有恶报

好死不如恶活

好吃懒做

好好先生

好运来仔推不开

好花插在牛粪上

好男儿志在四方

好男对女不施暴

好谷出好米

好事不出门，坏事传千里

好事多磨

好事做到底

好雨落在荒滩上

好果子留不到正月半

好货不便宜，便宜呒好货

好药难治烂心病，戒掉害人能治命

好秧有好苗

好酒只能喝七分

好婆（祖母）

好锣不用重锤敲

好煞外头人，恶煞自家人

好聚好散

戏台三分钟，台下要花十年功

戏法人人会变，各有巧妙不同

戏是假个，人是真个

观棋不语真君子

欢喜冤家

买仔炮仗叫别人放

买块豆腐撞撞煞

买卖不成仁义在

红白团串

红花要靠绿叶衬

红杏出墙

红得发紫

红嘴白牙不说假

六月六，狗淴浴

寿头码（模）子

弄个虱头里搔，自寻麻烦

弄手脚

弄松人

弄虚作假

弄堂里拔木头，直拔直

麦老一昼，蚕老一时

麦秀风来摆，稻秀雨来润

麦怕清明连夜雨，稻怕寒露一朝霜

麦柴当令箭（小题大作）

麦蝴蝶（飞蛾）

麦熟要抢，稻熟要养

进一步脸红耳赤，退一步海阔天空

远山近水才有情

远水救不得近火

七画

远亲不如近邻
运来不推开，倒霉一齐来
扶不起的刘阿斗
坏心待人，反害自身
批卷子（批改卷子）
走门路
走马观花
走不完个路，交不完个友
走火入魔
走正道
走过场
走后门
走红运
走南闯北
走遍天下无敌手

走遍天下苏州好
走遍天下吘觅处
抄虾拖虾一整年，不及鲫鱼消子四十天
赤心忠良
赤条条来，赤条条去
赤佬（称贼子和凶恶的人为鬼的意思）
赤诚相见
赤脚地皮光（形容一无所有）
赤膊上阵
抓手抓脚
抓把柄
抓破脸
抓辫子
扳定
扳倒

扳散丝

抢三十

抢羹饭

孝顺大如天

坍台（出丑，丢脸面）

坍招势（丢脸，丢面子）

抛到九霄云外

壳张（准备）

声东击西看苗头

花（数名，吴地称五个为一花，数钱时多用之）

花开花落

花手心

花心

花头

花头筋

花花世界

花里胡哨

花言巧语

花前月下

花样百出

花落春还在

花落谁家

花嘴郎中呒好药

苍蝇不叮呒缝蛋

苍蝇掐掉头，不晓得做啥个好

苏空头

杜做（没有传承的手艺，自家制）

杨天落谷稀，秧苗笑嘻嘻

杨柳青，梅鲚鱼剩条筋

杨树开花呒结果

求人不如求己
求人比求天还难
求生不得，求死不能
匣做师娘匣做鬼
豆腐心肠，越煮越硬
豆腐西施
豆腐多了一包水，空话多了吭人信
豆腐里厢挑不出骨头来
豆腐肩架软骨头
豆腐要卖肉价钿
豆腐浆好喝磨难牵
豆腐浆泡老油条
豆腐上跑马，一塌糊涂
两人世界
两小吭猜

两心合一心
两头受气不讨好
两好合一好
两虎相争，必有一伤
两面三刀
两座山不碰头，两个人会碰头
两家头（俩）
两家并一家（指独子独女婚后两个家庭合一）
两家亲
辰光
来三（能干）
来讪
忒嘴落索（做事没有规矩，乱来）
连裆码子（串通一气的人）
连锅端

时势造英雄
时髦（时尚，漂亮）
吪大吪小
吪天野地
吪手筛锣
吪心相
吪头吪脑
吪青头
吪拨功劳，也有苦劳
吪拨用
吪拨金刚钻，不敢揽瓷活
吪拨落场势
吪事端端（平白无故）
吪淘成
呆头木息（死板，不灵活）

男儿不吃分家饭，女儿不穿嫁时衣
男大当婚，女大当嫁
男小人
男子汉大丈夫，一人做事一人担
男女搭配，干活不累
男怕入错行，女怕嫁错郎
男追女隔重山，女追男隔层衫
男做女工，越做越穷
男盗女娼
困（睡）
困龙终有上天时
困死朦东（形容人犯困）
串门起
听三听四
听天由命

听风就是雨

听书长智，看戏慌心

听君一席话，胜读十年书

听其言，观其行

听壁脚

吹牛皮

吹牛皮不看天时

吹牛皮不缴税

吹胡子瞪眼睛

吹喇叭抬轿子

别人求我三春雨，我去求人六月霜

别出心裁

别苗头

财去人安乐

囫囵（完整无损）

囫囵吞枣

囥（藏）

针尖对麦芒

针箍（顶针）

钉头货

钉头碰铁头（遇到对手，互不相让）

钉鞋踏烂泥（麻脸）

牡丹虽好，全仗绿叶扶

乱七八糟

乱子夜壶

乱话三千

乱弹琴

秀才不出门，能知天下事

秀才饿死不卖书

秀才遇上兵，有理说不清

私要文书官凭印

私弊夹账

兵不厌诈

兵对兵，将对将

但添一斗，不添一口

伸手不打笑脸人

伸头一刀，缩头一刀

作死

作成（生意做成功）

作骨头

低头不见抬头见

伯姆淘里

你打我一拳，我还你一脚

你好我好大家好

你走你个阳关道，我走我个独木桥

身上着个软披披，屋里呒拨夜饭米

身正不怕影子斜

身在福中要知足，千万不能糟蹋福

身在曹营心在汉

伲（我们）

伲两家头（我们俩，咱们俩）

伲葛

佛一样敬，贼一样防

佛争一炷香，人争一口气

佛要金装，人要衣装

近山识鸟音，近水识鱼性

近水楼台先得月

近朱者赤，近墨者黑

坐山观虎斗

坐不好，站不好，像个啥腔调

坐吃山空

坐冷板凳

坐要有坐相，立要有立相

谷雨西风没小桥

谷雨敲麦还还礼，冬前敲麦盖层被

邻里好，赛金宝

肚皮里吃仔萤火虫，锃锃亮

刨树要刨根

饭除（锅巴）

饭榔头（饭量大）

饭筲箕

亨拨冷打（所有）

床上叠床，屋上架屋

床头千贯，不如日进分文

床底下放鹞子，大高而不妙

应酬戏

冷天

冷不防

冷手抓热馒头

冷场

冷饭冷粥好吃，冷言冷语难受

冷言冷语伤人

冷板凳

冷在三九，热在三伏

冷在风上，穷在债上

冷锅内爆出一颗热栗子

冷锅冷灶

冷箭难防

这山看见那山高，到仔那山喊懊恼

忘勒自家（己）吃几碗饭

闰年不种十月麦

闲人只说闲人话，走过人只说风凉话

闲话（言语）

闷声发大财（不声不响地发迹）

闷葫芦里不知藏的啥个药

弟兄一条心，泥土变成金

弟兄淘里

没土烧，不成砖

没出息，打老婆

没有过不去个火焰山

没有过不去个坎

没吃过猪肉，也见过猪跑

沉杀（溺死）

快刀斩乱麻

牢（坚固）

穷人门槛低三分

穷么只怕老来穷

穷不失志，富不癫狂

穷不会生根，富不是天生

穷在闹市呒人问，富在深山有远亲

穷则思变

穷时被人看不起，富时被人看红眼

穷虽穷，还有三担铜

穷算命，富烧香，热昏颠倒请厨娘

良言一句三冬暖，恶语伤人六月寒

良药苦口利于病，忠言逆耳利于行

良善被人欺，慈悲生祸害

初三夜里的月亮，面熟陌生

识千里马要伯乐

识时务者为俊杰

君子一言，快马一鞭

君子不听小人言

君子动嘴不动手

君子不夺人之好

君子有成人之美

君子报仇，十年不晚

君子爱财，取之有道

灵岩山个轿子，人抬人

尿裤子

张（侦视）

张天师捉鬼

张天师被娘打，有法呒用处

张公吃酒李公醉

张冠李戴

张晓得

张家长，李家短

陆家浜的吹手，来得勒来

阿（发语，如阿是、阿曾、阿对等）

阿么名（术名）

阿木灵

阿乌乱

阿抄至干

阿爹（祖父）

阿婆不嫁女，拿搭有孙儿抱

姊妹淘里

忍气吞声是君子，见死不救是小人

忍字头上一把刀

鸡飞狗上屋

鸡飞蛋打

鸡犬不宁

鸡毛掸帚

鸡瓜瓜

鸡肚肠

鸡啄西瓜皮(麻脸)

鸡蛋生脚，滚蛋

鸡蛋壳上觅缝

鸡蛋里厢挑骨头(无中生有)

鸡蛋碰石头

鸡棚

鸡窠里飞出凤凰来

驳岸

纸糊灯笼，碰不得

驴唇不对马嘴

走路生怕踏煞蚂蚁

八画

玩弄于股掌之上

玩物伤志

青山不老人易老

青山绿水好风光

青头

青出于蓝胜于蓝

青边碗

青竹头掏屎坑，越掏越臭

青肚皮的活猕

青青白白

青粘苔

青蛙乱叫，大雨就到

现世(出丑)

现世报

表壮不如里壮

表面一套，心里一套

坯子（天生的本性）

拔出老卜带出泥

拔出眼中钉，除却心头病

拔短梯

拣主放债，择佛烧香

拈轻怕重

拖油瓶

拖泥带水

拍马屁

拍脱牙齿朝肚里咽

顶真

顶嘴

拆人家

拆天

拆牛棚

拆东墙，补西墙

拆白党

拆空老寿星（把事情弄糟糕了）

拆烂污

拆穿西洋镜

拆铺并床（指旧时结婚仅为『二合一』而已）

拆稍

拎不清

拎错仔秤钮绳

拎错秤纽绳（把事情领会错了）

拎错秤砣

势败奴欺主，时衰鬼弄人

抱一颗猪头，还怕找不到庙门

抱不上树的刘阿斗

抱出笼

抱粗腿

拉长仔脸孔

拉来黄牛当马骑

拉倒（放弃努力，算了）

幸灾乐祸

拧成一股麻绳

招女婿

拨（给）

拨仔俚三分颜色，要开染坊哉

抬举（尊重）

抬轿子

坳面翘嘴

取之不尽，用之不竭

苦肉计

苦脑子

苦海呒边，回头是岸

若要人不知，除非己莫为

若要好，老做小

若要好，问三老

若要麦，沟底白

若要宝宝欢，常带三分饥饿寒

若要俏，冻得脏狗叫

若要菜籽收，年年要糙沟

若要盘驳，性命交托

若要晴，望山青；若要落，望山白

英雄呒用武之地

英雄气短，儿女情长

英雄所见略同

直头

直拔直

茄子也让三分老

枉竖枉，拆牛棚

枇杷叶面孔（枇杷叶一面光，一面毛，比喻人翻脸无常）

枪不打三月鸟

杭情杭事（多）

画龙画虎难画骨，知人知面不知心

画龙点睛

画饼充饥

画得出人相，画不出人心

事不关己，高高挂起

事怕颠倒车怕翻

事实胜于雄辩

雨中知了叫，预计天晴到

雨打秧田泥，秧苗出不齐

雨打黄梅头，粘麦像贼偷

雨后西风得了晴，十天八天不会阴

雨季鱼靠边，撒食应撒边

雨落不爬高墩，穷人不攀高亲

雨落黄梅头，黄梅呒日头

雨落黄梅脚，车断黄牛脚

卖人情

卖关子

卖卖野人头

卖毒品下棺材，吃毒品哭哀哀

卖相

奈亨实梗格

奇出怪样

转角嘴

转念头
转弯角处
斩一刀
斩钉截铁
斩草不除根，来春要报青
软口汤
软壳蟹
到学堂（上学）
到啥山，捉啥柴
虎不怕山高，鱼不怕水深
国有国法，家有家规
国泰民安
国家兴旺民安乐
国家好，百姓好
国难当头，百姓忧愁

国富民强
明人不做暗事
明白人
明里来，暗里去
明枪易躲，暗箭难防
明明白白做人
明修栈道，暗渡陈仓
明朝
明朝会
昂丝鱼（一种鱼，不大，有须，鱼刺少）
呷（饮）
呼幺喝六（盛气凌人貌）
呼天不应，叫地不灵
呼天抢地
呼风唤雨

知人知面不知心

知天识地

知心格

知交好友

知足常乐，贪心招祸

知识就是财和宝

知法犯法，罪加一等

知福识福享福

垂夜快

物以类聚，人以群分

物以稀为贵

刮别人的油水，长自家（己）

和气生财，相骂遭灾

和为贵

和合二仙

和合百年好

和事在人

和事佬

和尚头上的虱子，明摆着

版版六十四

货买三家不吃亏

货卖一张皮

货物勤转，利润自生

货真价实，童叟呒欺

依样画葫芦

的角翘（遇事打岔）

的沥笃落（打小报告，打小算盘）

的沥滚圆（相当相当的圆）

爬得高，跌得重

舍不得孩子，套不住狼

舍命陪君子

金口玉牙，说啥算啥

金乡邻，银亲眷

金玉良言

金刚钻虽小，能揽大瓷活

金钱份上呒父子，利害面前呒兄弟

金窠银窠，不及屋里草窠

金鲫鱼（金鱼）

斧头打钉，钉子入木

受人之托，忠人之事

贪心不足蛇吞象

贪心呒好报

贪多嚼不烂

贪财乌龟，见钱眼开

贪图小利，必失大财

贪噬买猪婆肉

贫不失志，富不癫狂

贫贱之交不可忘，糟糠之妻不下堂

朋友不要供钱财，供了钱财断往来

朋友妻，不可欺

肥水不外流

肥头胖脑不像人

肥得滴油

昏天黑地

昏头转向

昏头颠倒（形容神魂不定、思维混乱的状态）

鱼一天不喂，三天不长

鱼长三伏，猪长三秋

鱼生四两各有主

鱼有鱼路，虾有虾路，黄鳝泥鳅独走一路

兔子不吃窝边草

兔子的尾巴长不了

狐朋狗友

狐狸尾巴

狐假虎威

狗三猫四，猪五羊六（指它们的孕育期）

狗仗人势

狗头上长角，装羊

狗头上搔搔，猫头上抓抓

狗头军师

狗抓地，天要变，鸡窝发臭天不灵

狗来富，猫来开当铺

狗改不了吃屎

狗咬一声，蹿到半场

狗急跳墙

狗捉老虫，多管闲事

狗眼乌珠看人低，只重衣衫不认人

狗眼乌珠看穷人，嫡亲娘舅陌路人

狗搭屎坑罚咒，言而呒信

狗窠

狗嘴里吐不出象牙

饱汉不知饿汉饥

饱食三餐非足贵，饥时一口果然难

饱暖思淫欲，饥寒起盗心

变古乱常，不死则亡

变色龙

夜长梦多

夜快

夜快见红云，明朝出门定定心

庙小妖风大，池浅王八多

疙里疙瘩

疙瘩（是非，纠结）

盲人上街，目中旡人

盲人骑瞎马

放心托胆

放夜学（下午放学）

闸生头里（突然）

闹猛（热闹）

单丝不成线，孤树不成林

炒下豆子众人吃，打碎镬子一人赔

炒虾等不及红

炒熟黄豆不做种

法不传六耳

河水不犯井水

河水涨，井水满

河东不借宿，河西还有几十家

河底点得够，人心点不够

河滩上

油干灯草尽

油头滑脑

油菜压掉心，到老不翻身

油腔滑调

泥土金不换，长金又长银

泥牛入海，杳旡音信

泥鳅掀不起大浪

治虫没有巧，只有早

性急钓不着大鱼

学堂（学校）

定见

定心

定定心心吃饭，安安稳稳困觉

官不打送礼的，狗不咬拉屎的

空口说白话（形容不讲实效、只说不做）

空叉袋斛米

空手两卷

空手套白狼（骗术）

空心大老官（形容腹中空空、没有真才实学的人）

空心汤团

空心菜（比喻人一无所有）

空头支票

空对空

空阵头

空棺材出丧，目中吪人

实质（本质）

郎中开棺材店，死活有进账

肩不能挑担，手不能提篮

肩牌头

房门大似衙门

陌生人吊孝，死人肚里得知

孤掌拍不响，一砖难砌墙

孤孀（寡妇）

姑娘好，总是人家人

姑娘要得俏，常带三分笑

姆妈

虱多不痒，债多不愁

线儿放得长，鱼儿钓得大

细模细相

绍兴师爷

久病方见孝子心

九画

春分麦起身，一刻值千金

春分秋分，日夜平分

春风人情

春风不着肉，夏雨隔爿田

春风不隔夜，隔夜就赤脚

春风有雨家家忙

春打六九头，粮米不用愁

春打六九脚，种田吃一吓

春里浇麦一杓，不及冬里浇一杓

春困秋乏夏打盹

春雨贵如油，滴滴不白流

春钓雾，夏钓早，秋钓在黄昏

春季桃花水，莳门黄梅水

春宵一刻值千金，一网鱼虾一网银

春雪不烊，饿断肚肠

春雾雨，夏雾热，秋雾凉，冬雾雪

春鲇，夏鲤，秋鳊，冬螃蟹，白露鳗鱼

春霜隔夜就有雨

挂羊头，卖狗肉

掗不着，搭不够

掗拉不出

城门失火，殃及鱼池

城门把守紧，强盗进不来

城东一句话，传到城西，芝麻变西瓜

城头上出棺材，远兜圆转

挡（扶当，去声）

哉（义与『了』同）

指牢冬瓜骂白菜

指桑骂槐

垫刀头

拼出个雌雄来

拼死吃河豚

拼命三郎

挖空心思

荐升

带只眼睛

带脚戏

带赖乡邻吃薄粥

草包

草是百谷病，不除要送命

草棚棚（草房）

茶要新，酒要陈

荒年饿不煞手艺人

荡马路

南风腰里大，落煞落不停

南吃狮子北吃象，獐猫鹿兔吃吃白相相

药材店

药补不及食补

药料里甘草，缺不得

枯木逢春

枯庙门前旗杆，独一根

枯树上剥皮

相打手里借拳头

相骂呒好话，相见呒好拳

相骂起来呒好话，听起来讨人嫌

相敬如宾

相敬相爱

树大招风，钱多招事

树丫子（树枝）

树老心要空，人老百事通

树老根须多，人老朋友多

树倒活猢散

树高三尺，叶落归根

树高百丈，根在地里

勃不倒（不倒翁）

勃乱大勒水花，捞起来一只糠虾

要发财，水里来；要想富，养珍珠

要么楼上楼，要么楼下搬砖头

要吃麦，冬至门前压

要吃要着嫁老公，不吃不着握啥空

要知心里事，但看言与行

要保小囡平安，常带三分饥寒

要得人不知，除非己莫为

要得身体好，天天起得早

咸哇（是的）

咸鲤鱼放生，不知死活

歪理十八条

歪嘴和尚念不出好经

砍柴砍小头，问路问老头

面上笑嘻嘻，不是好东西

面孔掇在老宅基上

面拖蟹

面桶老

牵记

牵丝攀藤（形容做事不干脆利落，说话总牵连不明）

牵动荷花带动藕

牵来黄牛当马骑

牵线木头人

牵着鼻头走

轻骨头

鸦片烟，害人精，父母妻儿哭皇天

鸦片烟上瘾，拆房子卖田

背心上拉胡琴，二头拉不着

临上轿，穿耳朵

临死抱佛脚

临阵磨枪

临渴挖井

是非只为多开口，烦恼只为强出头

是蛇必定一身冷，是狼难免一身腥

哇哇抓抓

哑巴吃黄连，有苦说不出

哑呜

星星眨眼，离雨不远

贵人多忘事

虹底日头高，明朝晒得背心焦

虹高日头低，明天带蓑衣

蚂米

蚂蚁传信

蚂蚁虽小，一样决大堤

蚂蚁啃骨头

蚂蚁搬家发大水

蚂蚁搬家雨必淋

蚂蟥叮牢螺蛳脚

蚂蟥叮牢鹭鸶脚

咽不落这口气

骂山门

钝刀割肉

钢刀虽快，不斩呒罪之人

卸肩架

看人不看穿戴，要看言行为真

看人头

看人挑担不吃力

看人家挑担不吃力，自家挑担步步歇

看山色

看见大佛笃笃拜，见仔小民踢一脚

看见老虎就烧香，看见老鼠就放枪

看见强的不怕，遇到弱的不欺

看牛不要早，只要常吃露水草

看风水

看白戏

看仔小菜吃饭

看佛烧香

看势头

看相

看看不像样，倒是个雕花匠

看穿西洋镜

看野眼，看野景

看脸色办事

看隔壁戏

牯牛身上拔毛，不在乎

香山匠人一斧头

香火赶出和尚

香花不一定好看，会说不一定能干

香烟头

香煞人的香

种子不放好，种种才是草

种子乱放，来年上当

种不好庄稼一年穷，搞不好水利一世穷

种田不养狗，赛过秀才不读书

种田不着一年，讨家婆不着一世

种田这一行，猪灰肥中王

种田靠肥料，养鱼靠饵料

种瓜得瓜，种豆得豆

种地既沃壤，赛过弄白相

种竹养鱼利千语，只怕泛池竹开花

秋前北风秋后雨，秋后北风干到底

重孙有理，大过太公

重阳不雨一冬晴

重奖之下，必有勇夫

笃定（非常放心）

笃笃转，聚聚转

笃嘴笃脸

俉笃（你们）

顺水牵，套鱼头；逆水牵，套鱼尾

顺水推舟

顺手牵羊

顺风耳朵千里眼

顺风好行，逆水难远

顺风扯篷，逆风背纤

顺风顺水

顺风旗好扛

顺风篷好扯，逆风难行

顺风篷扯足

顺藤摸瓜

修渠如修仓，储水如储粮

俏姑娘不搽胭脂不扑粉

俏眉眼做拨瞎子看

俚（他）

俚笃（他们）

促狭

信仔阴阳，弄得乱横

信仔佛法，虱也不掐

皇天不负苦命人

皇帝万万岁，小人日日醉

皇帝也有草鞋亲

皇帝女儿也愁嫁

皇帝不差饿兵

皇帝不急太监急

鬼火道士夜来忙

鬼头鬼脑

鬼讨好

鬼画符

鬼使神差

鬼话连篇

鬼点子害人不浅

鬼迷心窍

鬼搀直跑，人搀不走

盆底里种葱，根底浅

胆大如斗，心细如发

狮子大开口

独(笃)头独恼

独龙难斗群蛇，双拳难敌四手

急惊风，碰着个慢郎中

弯刀相对瓢切菜，破罐子对臭咸菜

哀个月(这个月)

哀场(这么、这样)

哀枪势里

哀点(这些)

哀种(这种)

度死日

亲不过父母，好不过夫妻

亲兄弟，明算账

亲帮亲好，邻帮邻好

闻名不如一见

养儿防老，积谷防荒

养子不教父之过

养牛呒巧，只要栏干食饱

养羊不折本，只要花根绳

养兵千日，用在一时

养虎为患

养鱼没巧，吃饱管好

养鱼怕个洞，养鳗怕条缝

养家活口

养猪养羊，本短利长

养猪养羊，有肥有粮

姜太公钓鱼，愿者上钩

送佛送到西天，摆渡摆到江边

送君千里终有别

迷雾不收定有雨

迷雾里摇船，不晓得东南西北

迷露（雾大）

前人栽树，后人乘凉

前门撑撑，后门关关，火烛小心

前无古人，后无来者

前有狼，后有虎

前走走，后想想

前怕狼，后怕虎

前思后想

前脚后脚

前脚走，后脚来

前脚倒下去，后脚爬起来

前程远大，后步宽宏

逆水摇柴船，挺住

逆来顺受

烂木头氽在一条浜里

烂皮脓滚疮

烂污拆不得

烂好人

烂泥老卜吃一段，汏（洗）一段

剃头担上街，一头冷，一头热

活里活络

活到老，学到老

活猕（猴子）

活猕不赅宝（藏不住或留不住东西的人）

活猕出把戏

活猕爬肚肠（形容毫无意义不停摆弄东西的样子）

活猕拾着姜（留着没用，扔掉又舍不得）

活猕精

活猕戴帽子，像煞似个人

洋山芋（马铃薯）

洋泾浜

洋兹他（一种较小的蝉）

浑水不落外浜

浓油赤酱

恨铁不成钢

突头呆

突脱面结骨

穿帮

觉搭

神之糊之

说过嚣过

说困（梦）话

说闲话

说的比唱的好听

说鬼话

说着风，就扯篷

说着曹操，曹操就到

说嘴不动身

说嘴的郎中（医生），没好药

退水的虾，涨水的鱼

屋有百间，只困一床

屋里（妻子）

屋面上的霜，见不得太阳

眉开眼笑

眉毛上挂炮仗，祸在眼前

眉毛打结

眉毛胡子一把抓

眉目传情

眉头一皱，计上心头

眉来眼去

结葛啰哆

结棍

结蛛(蜘蛛)

绕脚不清

络络乱

拉来黄牛当马骑

十一画

蚕老一时，麦老一昼

蚕老到熟，叶要吃足

蚕宝宝（蚕）

栽上百年桑，不怕年底荒

起码（最低价，最少）

捏牢骱门不用刀

捏着草纸当圣旨

捏鼻头做梦

捉死蟹

捉奸捉双

捉冷刺

捉贼捉赃

换汤不换药

热极生风，闷极落雨

热不马上脱衣，冷不马上穿棉

热昏（不知所云）

热昏颠倒

捅胡蜂窠

莫老老

恶人先告状

恶人要遭天雷打（击）

恶有恶报，不是不报，时辰未到

恶死做

恶行恶状

恶狗当路困（坏人为难别人）

真人面前莫说假

真刀真枪

真不是个东西

真价货

真金要靠烈火炼

真是真，假是假

真情既价

桥归桥，路归路

桃子枝头熟，鲢鱼肥胜肉

桃李满天下

样样式式

根深不怕风摇动，身正不怕影子斜

夏夜满头星，明朝热煞人

夏盐里出蛆，门栏底下出牵牛

破戏锣鼓多（没有才学的人倒喜欢自吹自擂）

破缸里腌出臭咸菜

破船碰落顶头上

破淘箩淘米，里面少，外面多

破锅独配豁锅盖

破鞋

破罐子破摔

破罐子装臭咸菜

套近乎

套鞋（胶鞋）

砻糠

顾客，门面，信誉好，为生意三件宝

紧拉鱼，慢拉虾

晒不死的茉莉花

鸭吃砻糠空欢喜

鸭连连（儿语鸭子）

蚌壳精（蚌壳与碰哭谐音，嘲笑一碰就要哭的人）

哭出呜拉

哭亲人

哭笑不得

哼哩咕噜（喃喃自语）

贼不空手

贼心不改

贼头贼脑

贼皮塌脸

贼走不关门

贼忒兮兮

贼骨头

贼喊捉贼

贼腔（行为举止丑）

铁公鸡一毛不拔

铁打的心肠，见火就烊

铁打的营盘，流水的兵

铁将军把门

铁搭

铁棒磨成绣花针

特为
造屋请箍桶匠，找错人
乘风人情乐得做
乘势踏沉船
秤不离砣，新妇欢喜婆
秤砣虽小压千斤
租田当自产（把别人的东西占为己有）
秧好半熟稻
秧好稻好，娘好囡好
积少成多
积谷防荒
积肥如积粮，肥足粮满仓
积重难返
笔下生辉，花开富贵
笔下挥挥，点石成金

笔下留情
笔立直
笑一笑，十年少；恼一恼，十年老
笑一笑，俏一俏
笑里藏刀
笑面老虎
笑脸相迎顾客暖，冷眼直对买主寒
借债一副脸孔，还债时又是一副脸孔
借债还债，两厢安泰
倷（你）
倷葛
倷敬我一尺，我敬倷一丈
倒打一耙
倒春寒
倒背钱筒

倒贴

倒栽葱

倒黄梅

倒霉（不幸遭厄运）

倜傥

臭豆腐上浇麻油，外香里厢臭

拿妖捉鬼

拿勒篮子里才是菜

拿得起，放得下

拿着鸡毛当令箭

豹死留皮，人死留名

胸口头摆棉花，烙心

狼心狗肺

狼形（贪婪的样子）

逢人只说三分话，不可全抛一片心

逢山开路，遇水架桥

留得青山在，不怕没柴烧

饿不煞的伤寒，吃不煞的痢疾

病从口入，祸从口出

唐伯虎摇船，摇到哪里是哪里

拳不离手，曲不离口

烧饭师傅

烟吞火不着

害乡邻，吃薄粥

酒不醉人人自醉

酒在肚里，事在心头

酒肉朋友

酒后开车撞煞人

酒后吐真言

酒多伤身，气大伤人

酒多伤身赛小死

酒多误事

酒好不贪杯

酒助人兴

酒鬼

酒逢知己千杯少，话不投机半句多

酒能开心，解闷消愁

酒葫芦

酒痴糊涂

酒醉像活死人

酒髡头

酒瘾是大害

消愁解闷，百病去根

海（许，给）

浪子回头金不换

宽水养大鱼

家小（妻子的又一称谓）

家仇国恨记在胸，不惜沙场血流红

家不和，受邻欺；国不和，邻国欺

家有千金，不及夫妻恩恩爱爱

家有贤妻，不遭凶事

家呒主，扫帚颠倒竖

家贼难防狗不叫

宰相肚里能撑船

读书识字能知天高地厚

冤有头，债有主

冤枉孽障

冤家宜解不宜结

嬷嬷

娘有爷有，不及自有

娘来娘好，爷来爷好

娘娘（读第一声，姑妈）

难么

难兄难弟

难得碰头

难得糊涂

绣花枕头一包草

丈母娘看女婿，越看越欢喜

十一画

捧着人家碗，要受人家管

描金箱子白铜锁，外头好看里厢空

掉枪花（欺弄人）

掉得落

推板

推船头鬼

教出来俗气，想出来秀气

教熟活猢

撣（拂子撣去尘土）

捎木梢

掼浪头

基肥要足，追肥要速

煞吊死（言多重复）

黄土压不住草头，流水挡不住鱼游

黄牛叫，雨天至

黄牛角，水牛角，各归各

黄毛丫头十八变

黄六（凡了无希望谓之黄六。黄六即黄巢，因其多诈，托他办事，十有九不成）

黄豆开花，捞鱼摸虾

黄连树下弹琴，苦中作乐

黄梅天，十八变

黄梅天出太阳，天变好

黄梅草脚踏到，莳里草拔不到

黄梅寒，井底干

黄鼠狼躲在鸡棚上，不吃也是吃

黄鳝多在小暑里

萎靡倒早

菜见（油菜薹）

菊花黄，蟹肥壮

梦头里拜堂成亲

梦头里笑高（醒）

救人一命，胜造七级浮屠

救人救只落水狗，反转身来咬一口

救火如救命

聋子的耳朵成摆设

雪上加霜

雪白烟囱黑良心

雪里藏不住罪证

眯花眼笑

眼大呒光

眼不见，心不烦

眼不见，嘴不馋，耳不听，心不烦

眼不见为净

眼白颠倒

眼观四面，耳听八方

眼花六花

眼泪簌落落，两头掉不落

眼看鼻，鼻看心

眼热

眼高手低

眼窝盈盈

眼睛一闭，万事完结

眼睛一眨，老鸡婆变鸭

眼睛生在额角头上

眼睛递白色

眼睛像忽显（忽显是闪电之意），牙齿像轧剪

野鸡（指卖淫女）

野狗难过太平庄

野性难改

野路子

野豁豁

晚上少吃一口，活到九十九

蛇吃黄鳝活憋煞

蛇咬一口烂见骨

唱戏靠腔，烧菜靠汤

啰唣

啥（何，什么）

啥体

赊一千不及现八百

铜钿眼里迁跟斗

铜钿银子，身家性命

铜钿银子缠，朋友亲眷断

铜臭兮兮

铲饭除（有倾家荡产的意思）

银鱼白虾，太湖老家

笨做不如巧力，死做不如活干

做一日和尚撞一日钟

做一样生活，换一样骨头

做人家

做天日月光明，做人赤胆忠心

做天难做四月天，做人难做半中年

做手脚

做好人

做夜作磨黄昏

做贼打从偷针起

做贼偷葱起

做做门面

做做表面文章

做着不着

袋袋碰着布（贫穷，囊中无物）

偷天换日

偷来的女人不长久

偷男客（偷人）

偷鸡不着蚀把米

偷鸡摸狗

偷盘

偷梁换柱

兜得转

假人假马假到底

假比三眼（形容人装傻充愣）

假老戏

假戏真做

假花头

假惺惺

得一望二

得人钱财，与人消灾

得寸进尺

得过且过

得病容易去病难，小病不治，大病难医

得了便宜卖乖子

得罪（开罪于人，亦作冒犯）

船老大多仔驶翻船

船行千里，撑舵一人

船到桥，直瞄瞄

船稳不怕风浪头，有理不怕歪理闹

舵把拿得稳，船儿摇得正

舵把拿得稳，不怕风浪颠

斜路子

欲加之罪，何患无辞

脚正不怕鞋歪，身正不怕影斜

脚角

脚碰脚

脚踏西瓜皮，滑到哪里是哪里

脚踏两条船

脖子拉长一丈二

脱底棺材

脱掉帽子，吭拨脑子

象牙筷，扳散丝

猪头山（笨）

猪头肉，三不精

猪身全是宝，吃肉用皮积肥料

猪窠灰（猪粪肥）

猛门（蛮横）

麻雀虽小，五脏俱全

麻雀哪能跟随大雁飞

商店信誉赛黄金，货真价实不亏人

望见青山，跑断马腿

阎王好见，小鬼难缠

着末收梢

着衣裳（穿衣服）

着乖（识时务）

着落（目的达到）

粒屑（琐碎）

断链条活猕

清水白荡，养鱼白养

清水塘边，处处有蛙声

清水衙门

清仓货

清如水，明如镜

清明天雨早黄梅

清明时节雨纷纷

清明到，麦叫叫

清明挖笋，谷雨长竹

清明要晴，谷雨要雨

清明前后，种瓜点豆

清明前后鲤鱼俏，三月里鲢鱼俏，小暑白鱼俏

清明晒得沟底白，青草会变多

清明浸谷，谷雨莳秧

清明祭祖先

清明断雪，谷雨断霜

清明落雨加秧岸，霜打东南一日晴

清贫多安逸，贪腐日夜忧

清官难断家务事

清官廉洁好，百姓称道好

清混两水下网兜

混混淘淘

渔船上的螃蟹串起来

淘伴（伙伴）

淴河浴（游泳）

深更半夜

深耕细耙，旱涝不怕

深恶痛绝

深锄棉花浅锄瓜，不浅不深锄南瓜

婆说新妇好，真的好

情人眼里出西施

情人嘴里尽好话

情丝似藕丝，割不断，理还乱

情投意合

惊蛰一声雷，蛇虫百脚才出来

寄爷（干爹）

寄娘（干娘）

宿里宿笃

敢怒而不敢言

弹弹眼睛（瞪一下眼睛）

随大流

骑在人头上拉屎

绽放（美丽）

一个和尚挑水吃，两个和尚扛水吃，三个和尚呒水吃

十二画

搭（同与，如我搭俚）

搭不够

搭杀

搭界

搭浆

揩油（占便宜）

揿（按住）

趁火打劫

搅家精（弄得家里不安生的人，多指女人）

揎（以拳打人的称揎）

欺人欺己

欺瞒（欺侮）

惹气（令人生气）

惹火烧身

惹祸上身

敬酒不吃吃罚酒

落入圈套

落田头种菜花，绕田收收一山笆

落花有意，流水无情

落雨

落雨天挑棉花，越挑越重

落雨天背稻柴，越背越重

落雨不借伞，不看势头

落雪

落雪落雨狗欢喜，麻雀肚里一包气

落搭（哪里，落平声）

落帽风

朝九晚五，开窗换气

朝东风，晚西风，一定好天空

朝南闲（说）话（官腔）

朝浪（早上）不知晚上事

朝摊夜卷（意思是夜间摊铺睡觉，早间起身卷铺，形容干活无一定场所）

棒打鸳鸯

棒头出孝子，筷头出逆子

棋高一着

棉花胎

棉纱线拉不倒石牌楼

逼人逼到壁角落

硬柴

硬柴要用软柴捆

硬装斧头柄（无事生非，无理硬说有理）

雁过拔根毛

雁过留声，人过留名

翘嘴笃舌

翘辫子

晴天防阴天

晴天霹雳

晴不晴，看星星

晴的日子多，落雨的日子少

晴空万里

喇叭腔

遇河架桥

喊煞老鸦船，摇煞尖网船，冷煞踏网船

跋（音勃，转过来之意）

跌倒握把泥（计穷力尽只能耍无赖）

跌搭嘴冲（行走仓皇，不稳貌）

喝仔人家酒，牵牢鼻头走

赌台胜过望乡台

赌近盗，盗近杀

赌钱小钿起，做贼偷葱起

黑里墨搭

黑跌墨塌，吃俚不煞

锁防君子，难防小人

掰错头

稀零荒郎

等人心焦

答应得嗷嗷应，忘记得干干净

傢生（器物，家具）

街浪厢拍灰尘，全落在众人眼里

御麦（玉米）

腊肥发棵，春肥发穗

腊雪一场，黄金万两

腊雪不烊，种田人的饭粮

腊雪里是层被，春雪是把刀

腌菜缸里翻泡泡，不久下雨落滔滔
馊主意
馊粥馊饭能吃，冷言冷语难听
装疯卖傻
装腔（假装，故作姿态）
装腔作势
装装门面
蛮（很）
蛮不讲理
蛮蛮大的水花，捞起来一只糠虾
敨敨叉袋底（全部拿出来）
善门难开
善有善报，恶有恶报，不是不报，时辰未到
粪是地里金，猪是农家宝
湿手捏仔干面粉

温吞水
游火虫（萤火虫）
寒天吃冷水，滴滴在心头
寒水枯，夏水潽；日枷风，夜枷雨
寒寒豆（豌豆）
寒露呒青稻，霜降一齐倒
富不是天生，穷不会生根
富不癫狂，穷不失志
富贵一场梦，功名到头空
富贵来时挡不住，失掉富贵蛮便当
富哭穷，黄金变烂铜
窝求苦恼
裤脚管
裙带鱼（带鱼）
隔三岔五

隔年的蚊子

隔行如隔山

隔层肚皮隔层山

隔岸观火

隔夜面孔

隔河千里远

隔靴搔痒

隔墙有耳

隔壁戏

骗煞人，不偿命

三天打鱼，两天晒网

摸不着头脑

摆架子

摆摊头

摆噱头

摇仔半日船，缆也不曾解

十三画

搞七廿三

塘网满河兜，血网当当头

塘鳢鱼

摊得开，卷得拢

勤为发家之本

勤是摇钱树，俭是聚宝盆

勤俭兴家业

蓬蒿菜（茼蒿菜）

蓑衣

蒲鞋头上笃泥，甩到东来甩到西

楝树花开，张眼不开

赖仔人情难做人

赖学（逃学）

𠢕

𠢕客气

碍手碍脚

碰子一鼻头灰

碰头（会面）

碗盏傢生

碌碌乱

尴尬戏

尴里不尴尬

零汤团（零分）

雾里看花

雾里迷露，雨在半路

睹钱不认人

睡前洗洗脚，一夜睡好觉

暖热

歇搁（罢了，又作拉倒）

暗毒老虎

暗度陈仓

暗箭伤人

照牌头

跷脚挑水，晃东晃西

跳井趸石头（趁势打击别人）

跳虱不捉满身痒，虫害不除稻遭殃

路见不平，拔刀相助

路边的野花不要采

路是人踩出来的，理是人评出来的

路是弯的，理是直的，有理呒里，出在众人嘴里

路路通

路遥知马力，日久见人心

跟好人学好样，跟坏蛋做混混

罩篮

错把红泥当朱砂

锣不敲不响，话不说不明

锣鼓一响，脚板就痒

锣鼓不敲不响，蜡烛不点不亮

锣鼓听声，闲话听音

矮子里拔长子

矮子肚里疙瘩多

矮子矮，一肚拐

矮半截

矮凳

矮檐之下出头难

稗草子

愁人怨夜长，志者惜日短

愁头怪脑（形容没事瞎犯愁，或指不可理喻的人）

筷头上打人最狠

舅姆

鼠目寸光吭远志

像煞有介事（不理旁人，妄自尊大的样子）

躲得了初一，躲不过十五

触气

触心经

触电（碰上棘手事情）

触霉头

解铃还须系铃人

煞风景

酱缸倒了，架子还在

痴人说梦话

痴不痴，呆不呆

痴心女子负心汉

痴心的汉子痴心的女

痴头怪脑

痴汉等老婆

痴迷不悟

痴情难改

新官上任三把火

新客人

新娘娘

新婚三日呒大小，八十岁公公好在新娘床上迁跟斗豁

虎跳

意不过

煤球店里卖棉花，黑白不分

煨灶猫

满天星，明天晴

满饭好吃，满话难说

溜白相

滚（逐人离开，贬义）

窠里反

福如东海，寿比南山

嫌鄙

嫁出囡圄泼出水

戤米囤饿煞（有了东西不用）

缠弯里曲

吹喇叭抬轿子

十四画

碧滉生清（水清微动）
熬（忍受）
墙内开花墙外香
墙头上画马不能骑，纸头上画饼不充饥
墙高三丈，防不肖之人
榻冷（死）
蜻蜓吃尾巴，自吃自
蜻蜓高，晒得焦，蜻蜓低，一浜泥
蜻蜓聚会要起风
蜡烛店小开（不知好歹，不受抬举之人）
蜘蛛结网雨必停
赚绩（蟋蟀）
锻炼不吃苦，纸上画老虎
舞头劈拍
舔嘴落缩（食后貌）

稳坐钓鱼船

稳笃笃

管人先管己，不管要变坏

鼻头底下看不清

鲜掉眉毛

鲜蹦活跳（人有活力、生机）

疑难杂症

孵太阳

敲竹杠

敲钉转脚

敲脱牙齿往自家肚皮里咽

敲锣卖糖，各干各行

瘌痢头的伲子，自家的好

瘦狗莫踢，病马莫欺

辣椒嘴，蜜糖心，一根肚肠通到底

辣豁豁

旗开得胜，马到成功

精工出细货

精打光

精打细算

精益求精

煽阴风，点鬼火

赛过

蜜蜂出窝天放晴，鸡不入笼阴雨天

蜜糖罐里打熬不出硬骨头

嫩草怕霜霜怕日，恶人自有恶人磨

缩头乌龟

缩着脖子挨刀

撒网要撒朝天网，开船要开顶风船

十五画

撒网要撒朝天网，开船要开顶风船

撒盐入火，火上浇油

撩蜂吃蜇

擒贼先擒工

撺掇（怂恿）

聪明人知过就改，糊涂人有错瞒囥（藏的意思）

聪明人面前口舌多

鞋子穿着袜统里

横七竖八

横不动了竖不拿

横不是了竖不是

横东道

横对（强词夺理）

横行霸道

横多里

横冷横冷

横挑鼻头竖挑眼

横竖都有理

横竖横，拆牛棚

横排芋艿竖排葱

横阔竖大

横撑船

横戳枪

醉翁之意不在酒

醉酒伤人

霉蒸气

瞒过初一，瞒不过月半

瞎七搭八

瞎三话四

瞎子跟仔凑道笑

瞎子跟牢走

瞎子磨刀，快哉

瞎抓七抓

瞎眼无珠

瞎猫拖仔死老虫

瞎缠三官经

瞎嚼蛆

踏一脚来污一脚

踏破铁鞋无觅处，得来全不费工夫

踏煞蚂蚁怕罪过

踣（在地面爬的意思）

噜哩噜苏（言多而无重点）

噜苏（多言貌）

墨腾黢黑

靠人不如靠己

靠山吃山，靠水吃水

稻秀西风一片金，稻秀东风一片瘟

稻要好，早除草

稻熟要养，麦熟要抢

箭在弦上，不得不发

僵（陷入尴尬的境地）

鲤鱼产卵一条线，黑鱼产卵一大片

鲫鱼不怕羞，稀稀拉拉产到秋

熟门熟路

熟能生巧

糊涂（不明事情全貌）

糊涂一时，聪明一世

懊门痛

懊劳（后悔）

懊糟

额角头高

鹤立鸡群

憨有憨福

憨搭搭

憨煞千刀

劈了大梁当烧火棍

劈硬柴

劈硬柴要看准纹理劈

老虫拖秤砣，大头在后边

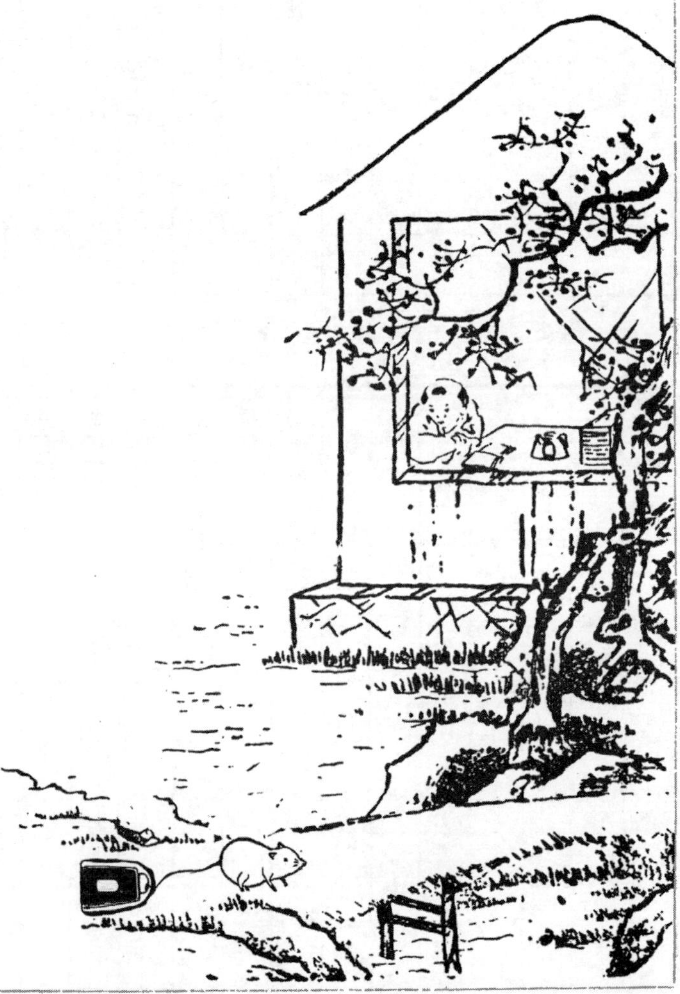

十六画

燕子低飞有雨到

蕹菜（空心菜）

薄皮棺材膛子大

颠二倒四

霍（粘贴，又作『得』）

霎眼睛（挤眼）

嘴上两张皮，只吃别人不吃自

嘴上两张皮，翻来翻去弄事体

嘴上没毛，做事不牢靠

嘴巴方，吃猪羊

嘴里吐出糖来，腰里拔出刀来

嘴里在吃，腰里在塞

嘴唇薄器器，闲话呒多少

嘴使骨头酥

嘴像糖罐头，心像锤砖头

镜子里碰头不着肉

篱笆扎得紧，野狗钻不进

朆（未曾）

磨刀不误砍柴工

磨洋工

燃眉之急

壁虎的尾巴节节活

犟牛穿鼻头

犟头犟脑

犟到底，苦到死

犟得五筋狠六筋

十七画

戴高帽子

擦边球

擦刮蜡新（形容物品是崭新的）

霜后暖，雪后寒

霜降呒青稻，立冬一齐倒

螳螂捕蝉黄雀在后

繁难

豁出一身剐，敢把皇帝拉下马

豁边

豁虎跳

豁翎子

澪檐水

十八画

藕发莲生，十指连心

藕断丝连

覆水不可复得

覆巢之下呒完卵

翻手风云覆手雨

癞团（癞蛤蟆）

癞蛤蟆想吃天鹅肉

蹩脚（潦倒）

戳穿不得

戳穿西洋镜

戳眼乌珠

邋遢（肮脏，又作龌龊）

牛吃稻草鸭吃谷，各有各的福

十九画

攀龙附凤

攀谈

蟹立冬，影呒踪

蟹多少，看水草

二十画

嚼白蛆

嚼过的馒头不香

嚼舌头

魔高一尺，道高一丈

灌迷魂汤

二十二画

囊中艚空先节约

囊中羞涩

二十五画

戆人自有戆人福，烂泥菩萨进瓦屋

戆进不戆出

落雪落雨狗欢喜，麻雀肚里一包气

附录

常用歇后语

十五样小菜——七荤八素
三十六日不出小鸡——坏蛋
丈二豆芽菜——老嫩
丈母娘看见女婿到——忙得不离灶
大太阳撑伞——求雨
大老爷升堂——呼幺喝六
大炮打蚊子——大材小用
小小碗吃饭——靠添
小弟弟吃西瓜子——哭不出
小和尚念经——有口既心
小和尚撞钟——劲头不大
小葱烧豆腐——一青二白
门缝里吹喇叭——名声在外
卫生口罩——嘴上一套
飞机上挂蟛蜞——悬空八只脚(形容某件事情很不着

边际）

马兰头开花——老来俏

王小二过年——一年不如一年

云端里跑马——露马脚

木匠打家主婆——一斧头

木匠吊线——一眼开一眼闭

太湖老卜——中看不中用

中药里的甘草——百搭

水缸里的螃蟹——跑不了

毛豆子烧豆腐——一路货

月亮里点灯——空挂名（明）

乌龟爬门槛——但看此一番

乌龟掼石板——硬碰硬

六十岁学吹打——犯不着

六月里吃薄荷——凉在心里

六月里的日头——晚娘的拳头（形容比较毒辣、不留情的手段。晚娘，即后妈）

六月里做亲——勠面皮（棉被）

六月里着棉鞋——日脚（热脚）难过（热脚，吴语中『日脚』的谐音。日脚，指日子）

六节头帮忙——越帮越忙（节头即手指，六节头即六指）

六节头搔痒——格外讨好

打肿脸充胖子——死要面子

石乌龟吃水——口不应肚

石灰水刷白墙——白劳劳

石灰店里买眼药——走错人家

石牌上钉钉——硬碰硬

田鸡跳在戳盘里——自称自卖

叫花子吃死蟹——只只好

四月底的黄花——一过时货

四金刚扫地——大材小用

四金刚腾云——悬空八只脚（比喻差距太大）

皮匠的扁担——两头翘

皮坊里老板——吹牛大王

老刀牌香烟——强盗

老太婆吃海蜇——嘴上闹猛（泛指光说不练的行为）

老太婆念佛——噜苏不停

老太婆举石担——硬撑（石担，石制杠铃）

老虫（鼠）舔猫鼻——送死

老虫钻在风箱里——两头受气

老寿星吃砒霜——活得不耐烦

老寿星唱曲子——老一套

老寿星骑狗——自得其乐

老鸡婆生疮——毛里有病

老虎打瞌睆——机会难得

老虎吃蝴蝶——带匣不够带

老和尚念经——句句真言

芝麻掉进针眼里——巧透巧透

师姑堂里晒尿布——阴干

当仔衣服买酒吃——顾嘴不顾身

吊死鬼搽粉——死要脸

肉骨头敲鼓——昏（荤）咚咚

先穿鞋子后穿袜——乱套

竹篮打水——一场空

羊妈妈落树——白爬

江西人钉碗——自顾自

汏脚布揩面——不分上下

汤罐里笃鸭——独出一张嘴

阳澄湖里捎马桶——野豁豁

弄空头——弄虚作假

弄堂里掼木头——直来直去（掼，吴语中扛的意思）

赤脚着蒲鞋——硬极牢

坟上新官人——死出风头

严嵩做寿——照单全收

芦席上爬到地上——差不多

杨树开花——吪结果

吴趋坊看会——老等（形容在适当的地方等人）

吪事烧纸钱——引鬼上门

困觉拨枕头——来得正好

针尖对麦芒——针锋相对

秀才碰着兵——有理说不清

兵舰上载灯草——不搁着

肚皮里吃仔萤火虫——锃锃亮（意为心知肚明）

肚皮上贴膏药——服帖

饭店里惠葱——明吃亏（惠指买，价格肯定比菜场贵）

冷水下面——捞不起

冷水打糨——面熟陌（麦）生

沙滩上行船——进退两难

快刀切豆腐——两面光

初三的月亮——有搭吪一样

屁股里吃人参——后补

陆墓火着——谣言（窑烟）

阿元戴帽子——完

鸡蛋碰石头——自不量力

纸糊个灯笼——碰不得

青石屎坑板——亦臭亦硬

青竹头捣屎坑——越捣越臭（比喻在争吵时互相不断地翻旧账揭对方的短，越来越不成样子）

顶仔石臼做戏——吃力不讨好

抱仔牌位讲话——说鬼话

茅坑里的石头——亦臭亦硬

板刷掉脱毛——有板有眼

雨天挑灰担——越挑越重

罗汉斋观音——主多客少

和尚买木梳——多此一举

和尚披袈裟——半爿俏

和尚看花轿——一场空欢喜

和尚看嫁妆——今世勿想

贪官勦穿绷——外香骨里臭

狗咬吕洞宾——不识好人心

夜壶里蹲坑——扣掐扣

夜壶上插筷——搭臭架子

油酱蟹过节——讨祖宗的手脚（旧时苏州人祭祖叫过节）

泥菩萨过河——自身难保

宜兴的夜壶——独出一张嘴（形容只说不做的人）

空棺材出丧——目（木）中旡人

陌生人吊孝——死人肚里得知

驼子跌跟斗——两头不着实

城头上出棺材——远兜圆转（说话做事喜欢绕圈子）

咸菜拌豆腐——有言（盐）在（才）先

咸鲤鱼放生——不知死活

歪头申公豹——旡拨好念头

歪嘴吹喇叭——一团邪（斜）气

哑巴吃黄连——有苦说不出

姜太公在此——百旡禁忌

姜太公钓鱼——愿者上钩

迷露里摇船——不知东南西北

活猢跳加官——人面兽心（跳加官，旧时戏台上幕前、

幕间丑角小节目）

活狲戴帽子——像煞是个人

洋瓶拔脱桢——呒拨说（塞）头（桢，即瓶塞）

屋面上的霜——见不得太阳

屎坑里结冰——不懂（冻）

起码白相人——独吃自家人

盐钵头里出蛆——呒人相信

捏鼻头做梦——痴心妄想

荷叶包沙角菱——一戳就穿

蚊子叮菩萨——看错仔人

秤上呒拨砣——分不出轻重

烧香望和尚——一事两便当

娘姨做阿妈——老熟手（阿妈即女佣）

黄连汤淘饭——吃不怕格苦

黄梅天搓麻将——牌潮（苏州人把丢脸或者不上台面

叫作败兆，谐音牌潮）

船头上跑马——走投呒路

脚炉盖当镜子——看穿

脱裤子放屁——多此一举

猫嘴里挖鳅——难格

麻子拍粉——蚀煞老本

阎王讲故事——鬼话连篇

婆新妇戴孝——呒工夫（公夫）

落过雨撑伞——多此一举

棉花店里死脱老板——不谈（弹）

棺材里伸手——死要铜钿

强盗打官司——场场输

强盗发善心——难得

隔年的蚊子——嘴老

墙头上刷白水——白说（刷）

墙头上戳针——戳壁脚

蜻蜓吃尾巴——自吃自（意即自己花自己的钱，比如喝喜酒，但因为自己出了礼金，有人就会说我今天是蜻蜓吃尾巴）

蜻蜓撞庭柱——一动匣不动

蜡烛吭拨油——白费心（芯）

鼻头上挂鲞鱼——休（嗅）想

敲破水缸用碎片——不合算

瘌痢头的伲子——自家的好

瘌痢头撑伞——无法（发）无天

鳌鲦钓白鱼——以小博大

瞎子吃馄饨——肚里有数目

瞎子养伲子——盲目生产

瞎子戴眼镜——空架子

壁虎的尾巴——节节活（即苏州话的心思多变）

豁嘴拖鼻涕——循循下肚

藿香烧豆腐——不入味

天上星，数不清，地上一人一颗星

图书在版编目（CIP）数据

阳澄湖俗语／吴妤主编．—苏州：古吴轩出版社，2018.1

ISBN 978-7-5546-1098-5

Ⅰ．①阳… Ⅱ．①吴… Ⅲ．①吴语—俗语—汇编—苏州 Ⅳ．①H173

中国版本图书馆CIP数据核字（2018）第005465号

责任编辑　陆月星
见习编辑　张雨蕊
装帧设计　龚良杰
责任校对　靳晓虹
特约校对　潘家荣

书　　名　阳澄湖俗语
编　　者　吴　妤
出版发行　古吴轩出版社
地址：苏州市十梓街458号　邮编：215006
Http://www.guwuxuancbs.com　E-mail:gwxcbs@126.com
电话：0512-65233679　传真：0512-65220750
出 版 人　钱经纬
印　　刷　苏州市越洋印刷有限公司
开　　本　880×1230　1/32
印　　张　4.875
版　　次　2018年1月第1版　第1次印刷
书　　号　ISBN 978-7-5546-1098-5
定　　价　35.00元

如有印装质量问题，请与印刷厂联系。0512-68180638